科学の
アルバム
かがやく
いのち

ミニトマト

──実(み)のなる植物(しょくぶつ)の成長(せいちょう)──

亀田龍吉

監修／白岩 等

あかね書房

科学のアルバム かがやくいのち **ミニトマト** 実のなる植物の成長 もくじ

第1章 ぐんぐん育つなえ ── 4

- たねから芽が出た ── 6
- ふた葉がひらいた ── 8
- 本葉がふえていく ── 10
- 育っていく茎 ── 12
- 葉がしげっていく ── 14
- わき芽が出てきた ── 16
- つぼみが育っていく ── 18

第2章 実をたべる野菜やくだもの ── 20

- がくの先に実ができる ── 22
- がくの手前に実ができる ── 24
- いろいろなくだもの ── 26
- かわりもののくだもの ── 28

第3章 花がさいて実がなる ── 30

- つけねから先へとさいていく ── 32
- 花粉がついて実ができる ── 34
- 虫があまりこない花 ── 36
- 赤く色づいていく実 ── 38
- たくさんの実がなった ── 40
- たくさんとれた ── 42

みてみよう・やってみよう —— 44

ミニトマトを調べよう —— 44
ミニトマトを育てよう 1 —— 46
ミニトマトを育てよう 2 —— 48
ミニトマトを育てよう 3 —— 50
ミニトマトを育てよう 4 —— 52
ミニトマトを育てよう 5 —— 54
料理してみよう —— 56

かがやくいのち図鑑 —— 58

ミニトマトのなかま —— 58
かわりだねのトマト —— 60

さくいん —— 62
この本で使っていることばの意味 —— 63

亀田龍吉

自然写真家。1953年、千葉県館山市生まれ。東海大学文学部史学科卒業。人間もふくめたすべての自然のかかわりあいに興味をもち、「庭先から大自然まで」をモットーに撮影をつづけている。おもな著書に、『バードウォッチングを楽しむ本』(学習研究社)、『フィールドガイド・都会の生物』『花と葉で見わける野草』(小学館)、『香りの植物』『ヤマケイポケットガイド・ハーブ』『森の休日・調べて楽しむ葉っぱ博物館』『町の休日・歩いて楽しむ街路樹の散歩道』(山と溪谷社)、『ここにいるよ』『雑草の呼び名事典』『木の実の呼び名事典』(世界文化社)、『野草のロゼットハンドブック』(文一総合出版)、科学のアルバムかがやくいのち『ゴーヤ ツルレイシの成長』『ツバメ 春にくる渡り鳥』『サツマイモ いもの成長』(あかね書房)などがある。

トマトは南アメリカ原産のナス科の植物ですが、いまでは日本の食卓にもなくてはならない野菜のひとつになっています。ミニトマトは大玉のトマトよりも栽培しやすいようなので、ぜひ自分で育ててみてください。水や肥料をやったり、支柱を立てたり、わき芽をつんだり、それなりにせわをしなければいけませんが、植物のたくましい生命力に気づいたり、生産する人たちの苦労の一端にもふれることができるでしょう。また最近は、いろいろな色や形の品種が手に入るので、どの品種をえらぶかも楽しみのひとつです。そして自分で育てたミニトマトは、きっと格別な味がすることでしょう。

白岩 等

昭和学院小学校教頭。1960年生まれ。横浜国立大学教育学部理科教育学科卒業。専門は理科教育学。筑波大学附属小学校での理科教育をおこないながら、小学校理科、生活科の教科書編集委員、NHK理科教育番組編成協力委員、日本初等理科教育研究会の副理事長、雑誌『初等理科教育』の編集委員などをつとめ、現在に至る。理科教育に関する著書および論文、動物・植物などをあつかった児童向け書籍(監修や執筆指導を担当)が多数ある。

ミニトマトは、八百屋やスーパーで日常的に売られている、とても身近な野菜です。成長が早く、なえを植えてから2か月半ほどで、収穫できます。実は、はじめは小さく緑色ですが、大きくなるにしたがって、黄色やオレンジ色、赤に色づきます。その色の変わり方には決まりがあり、実の先の方から色が変わりはじめ、だんだんへたの方に変化していきます。ぜひ、自分の手でミニトマトを育て、いろいろな発見をしてください。そして、栄養たっぷりのミニトマトをたべて、おいしさを楽しみましょう。

第1章 ぐんぐん育つなえ

畑にたくさんのトマトがなっています。ミニトマトです。ふつうのトマトにくらべて実はかなり小さくて、1本の茎にずっとたくさんの数の実がなります。トマトは青くさくてにがてという人も、くだもののようなあまさのミニトマトなら、きっとおいしくたべられるはずです。太陽の光をあびてぐんぐん育ち、おいしい実をならせるミニトマトの育ち方をみていきましょう。

◻ 畑で育てられているミニトマト。おいしそうな赤い実がたくさんなっています。

▲ 土の中でたねから根と茎が出て、育ちはじめたミニトマト。根は下に、茎は上にむけてのびていきます。

たねから芽が出た

　ミニトマトのたねは、土の温度が25℃くらいになると、よく芽を出すようになります。3月くらいからたねまきをしますが、土の温度が低い期間には、室内であたたかくして育てて芽を出させます。

　はじめにポリポット*などに土を入れ、たねが重なりあわないように、たねをまきます。あたたかくして、水を切らさないようにすると、1週間から10日くらいで、たねから芽が出ます。そして、た

◁ ミニトマトのたね。とても小さく、直径1mmほどしかありません。ふつうたべる実の中では、ゼリーのような部分でつつまれていて、まだじゅくしていません。

ねの中にたくわえられていた栄養を使い、根がのびて茎が地上に出てきます。このときはまだ、ふた葉（子葉）は、たねのからをかぶっています。

*ポリポットはなえを育てるために一時的に使うポリエチレン製や塩化ビニル製の植木ばちです。

■ 地上に出たミニトマトの茎とふた葉。白っぽい色の茎の先に、たねのからをかぶったふた葉がついています。

■ たねのからがはずれ、ふた葉がすがたをあらわしました。ふた葉は、先がとがった細長い形の切れこみのない葉で、2まいでできています。

ふた葉がひらいた

　地面にすがたをあらわしたミニトマトは、ひろげたふた葉（子葉）で太陽の光をあび、育っていくための栄養（でんぷん）をつくりはじめます。ふた葉が完全にひらくと、そのあいだに小さな芽が出て育ち、本葉になります。

　ミニトマトのふた葉は細長くぎざぎざのない葉ですが、本葉はまったくちがう形です。1本の柄から、いろいろな大きさの葉（小葉）が、たくさん出ています。この小葉のあつまりが、1まいの本葉です。このような葉を、複葉といいます。

🔺 ひらいたふた葉。葉は長さ1㎝ほどしかありません。つぎの日くらいから、だんだん大きくなっていきます。

🔺 ふた葉がひらいて数日から1週間くらいで、ふた葉のあいだに本葉の芽が出てきます。

🔺 4まいめの本葉がのびてきたなえ。切れこみのある小葉が、何まいかついています。小葉の数は成長につれてふえていきます。

■ 8まいめの本葉が出てきたミニトマト。本葉の数がふえてきたら、支柱を立てて、茎をしばってささえ、育てます。種類にもよりますが、2m以上の高さにまで育つので、それより長い支柱が必要です。

▲本葉が4まい出たなえ。売られているなえは、これくらいの大きさのものから、出まわりはじめます。

本葉がふえていく

　トマトの本葉の柄は、はじめの3まいくらいは、ふた葉がかげにならないような場所に、1本ずつつきます。しかしそのあとは、上からみると、茎を中心にして90°ずつ回転した位置についていきます。

　そして、本葉が8まいから9まいになると、いちばん上の葉のつけね近くに、最初のつぼみのふさ（第1花房）ができてきます。このころには葉が大きくなり、茎もしっかりして、どんどん成長しはじめます。なえを植えかえて育てる場合は、第1花房ができるくらいまで育て、それから地面やプランターなどに植えます。

トマトの葉と花房のつき方

　トマトの葉と花房のつき方は、きまったパターンがあります。第1花房が出たあとは、上からみて時計回りに90°ずつ回転した位置に、（本葉、本葉、本葉、花房）という順番で柄がついていきます。

育っていく茎

　第1花房ができたくらいから、ミニトマトの成長速度がはやくなって、茎がぐんぐん上へとのび、葉と花房がふえていきます。種類や育てる場所、時期によっても、成長のしかたはちがいますが、1か月のあいだに1メートル以上大きくなることもよくあります。

　ミニトマトの高さを朝と夕方で記録していくと、昼のあいだよりも夜のあいだの方が、より大きくのびることがわかります。これは、昼のあいだに栄養（でんぷん）をつくりだし、その栄養を使って夜のあいだに成長するためです。

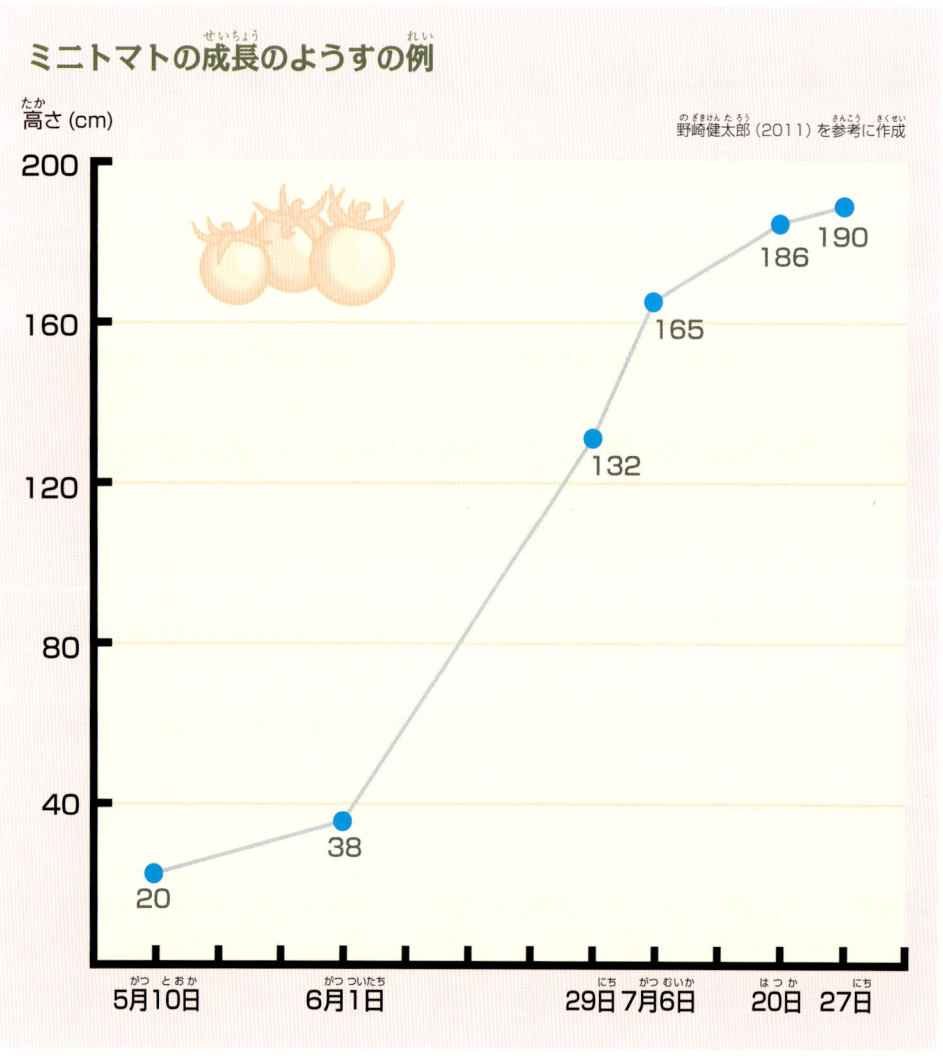

ミニトマトの成長のようすの例

野崎健太郎（2011）を参考に作成

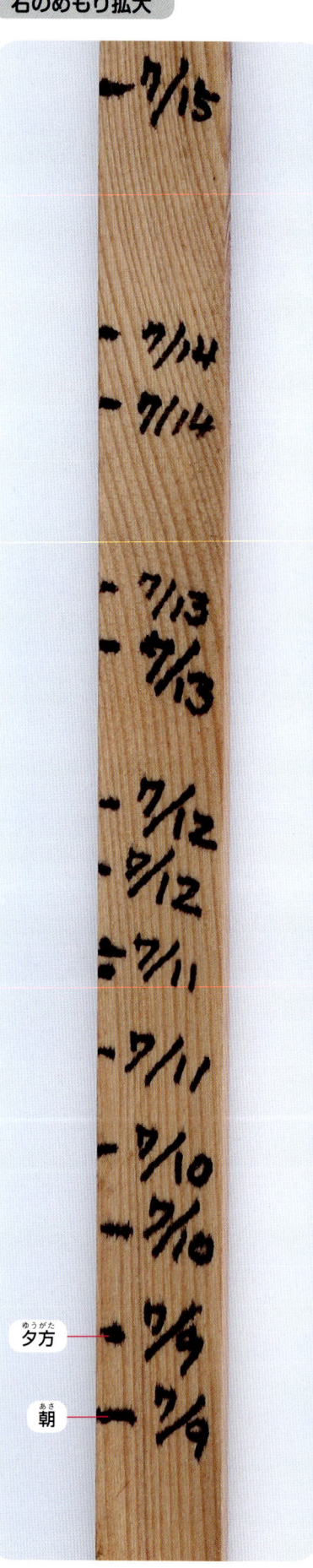

右のめもり拡大

※上のグラフは成長のしかたをしめした例で、右の写真のミニトマトの成長をグラフにしたものではありません。

■ 第3花房（←）ができたミニトマト。支柱にしたぼうに、朝と夕方のきまった時刻の茎の高さのめもりをつけました。7月12日くらいから、昼のあいだよりも夜のあいだに、大きく成長していることがよくわかります。左のめもりのぼうが実際の大きさです。朝は午前6時、夕方は午後6時にめもりをつけました。

第2花房

第1花房

■ 梅雨があけて葉がふえてきたミニトマト。小葉が大きくなって、数もふえ、葉がしげっていきます。

葉がしげっていく

　ミニトマトの茎が高くなっていくにつれ、葉と花房の数がふえていきます。そして、それぞれの小葉が大きくなり、数もふえていくので、葉がしげって太陽の光をたくさんあびるようになります。

　葉の中にある葉緑体という部分では、水と二酸化炭素を原料にし、太陽の光のエネルギーを使って、ミニトマトが成長するのに必要な栄養（でんぷん）がつくられます。これを光合成といいます。原料となる水は根からすいあげられ、二酸化炭素は葉の気孔からとり入れられて、葉緑体に運ばれます。そして、つくられたでんぷんは、水にとけやすい形にかえられ、体中に運ばれて、成長するために使われるのです。

- ミニトマトの小葉。表側の葉はつるつるしていて、うら側は少しざらざらしています。葉には、あみの目のように、葉脈がちらばっています。葉脈の部分には、根から水を運ぶ管（道管）と葉でつくった栄養を体中に運ぶ管（師管）のたば（維管束）があります。

表側　　うら側

▲ 葉のうら側の葉脈。葉脈の部分は葉から出っぱっています。

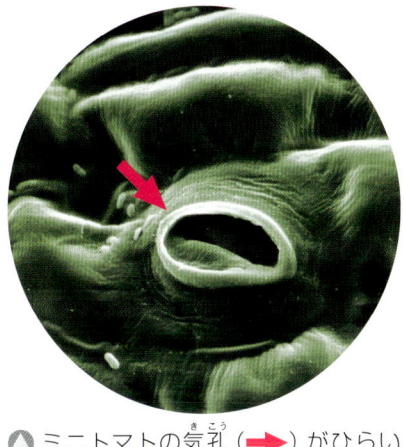

▲ ミニトマトの気孔（→）がひらいています。気孔は葉のうら側にたくさんあって、ひらいたりとじたりします。気孔から外の空気をすったり、体の中の空気をすてたりします。電子顕微鏡で1000倍に拡大した画像。

光合成のしくみ

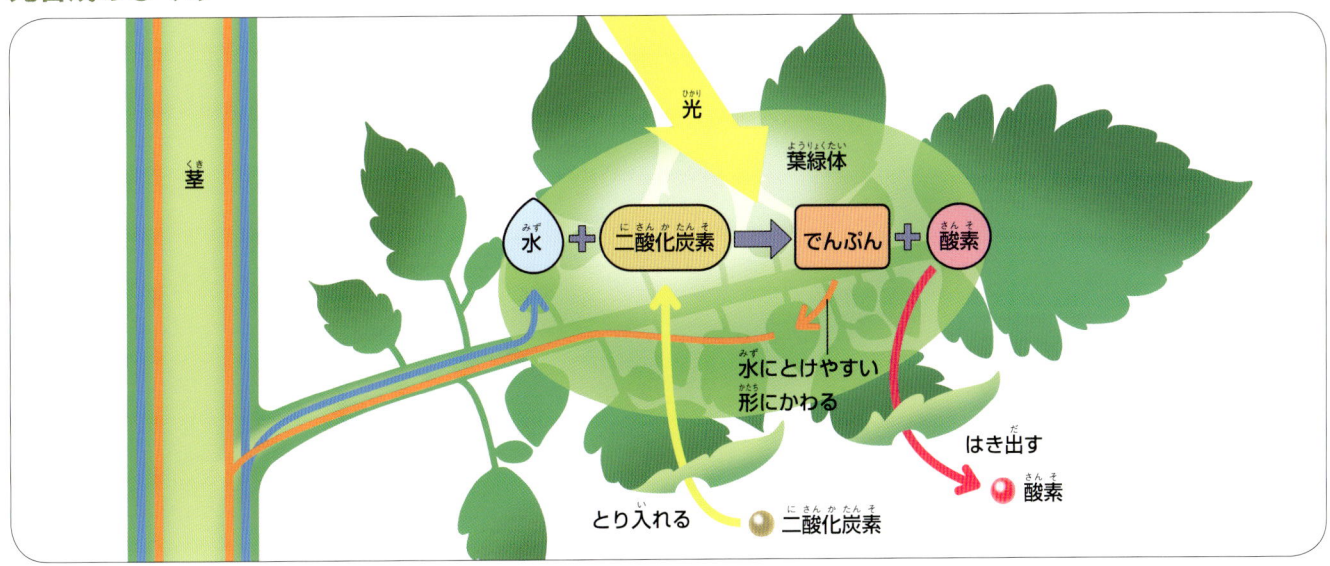

わき芽が出てきた

　ミニトマトの葉がしげってくると、葉の柄のつけねの部分から、ななめ上にむかって芽が出てきます。この芽を「わき芽」といいます。わき芽はそのままにしておくと、どんどんのびて太くなり、枝分かれした茎になり、そこから葉が出たり、花房が出たりします。

　ミニトマトを育てるときはふつう、このわき芽をとりさって、茎が枝分かれしないように育てます*。わき芽をそのままにしておくと、葉がしげりすぎてしまい、日光があたりにくくなったり、実が小さくなってしまうからです。

　わき芽は、あちこちにできるので、注意して観察し、みつけたらとりさるようにします。

▲葉の柄のつけねから出てきたわき芽（←）。

*わき芽を1〜2本残し、茎を2〜3本にして育てる方法もあります。

🔺わき芽をとりさって育てたミニトマト。茎は1本で、葉にはしっかりと日光があたり、風通しもよくなります。実も大きく育ちます。

🔺わき芽をとりさらずに、そのまま育てたミニトマト。茎がたくさん枝分かれし、葉がしげりすぎて十分に日光があたりません。葉や茎の成長に栄養をとられすぎて、実が大きく育ちません。

🔺わき芽をとりさるときは、指でわき芽をもち、つけね近くをおります。

わき芽を植える

おったわき芽のねもとを、しめらせたティッシュペーパーなどでつつんでおくと、根が出てきます。これを、土に植えてみましょう。しっかりと根づけば、なえになります。

🔺根が出たわき芽を土に植えたもの。なえと同じように育てることができます。

🔲 花房（➡）にできたつぼみ。まだつぼみは小さく、1か所にかたまっています。

つぼみが育っていく

　茎から出た花房には、小さなつぼみがいくつかかたまってついています。はじめは柄の部分が短いですが、だんだん柄がのびて順番に左右に分かれ、先に新しいつぼみができて、それぞれふくらんでいきます。種類によってもちがいますが、1か所の花房に、10〜20こ、多いものでは30こほどのつぼみがつきます。

　つぼみは、はじめは小さく、毛がはえた緑色のがくにつつまれています。柄の部分がのびてつぼみが大きくなるにつれて、がくのあいだから花びらがみえてきます。そして最後は、5まいの花びらがある花がさきます。

△ 柄がのびて、先にあるつぼみがほころび、花びらがみえてきます。

△ がくにつつまれていた花びらが大きくなり、つぼみがひらいてきます。

▶ 花びらが大きくひらいてそりかえり、つつのようになったおしべがみえています。

つぼみのつき方

△ つぼみは、いちばん茎に近いものから順番にさいていきます。そして、花房の柄が先にのびると、そこに新しいつぼみができていきます。

▶ 第1花房に花がさいたミニトマト。花は、茎に近いところからさきはじめ、だんだん先にある花がさいていきます。

第2章 実をたべる野菜やくだもの

　野菜やくだものには、根や茎、葉などをたべるものと、ミニトマトと同じように実の部分をたべるものとがあります。また、実の部分をたべる野菜やくだものでも、実のでき方のちがいによって、いくつかのグループに分けることができます。実をたべる野菜やくだもののでき方を調べてみましょう。

■ いろいろな野菜が育てられている畑。実をたべるナスやゴーヤ（ツルレイシ）、トマト、葉や茎をたべるネギやレタス、根をたべるニンジンなどが育てられています。

がくの先に実ができる

ミニトマトは、茎から花の柄がのび、その先の方にがくがあり、さらにその先に実がなります。そして、めしべの子房という部分がふくらんで、実（真果）ができます。花を立てた状態でみると、ミニトマトは子房ががくよりも上にあります。このような位置に子房がある花を、子房上位の花といいます。

子房上位の花をもつ野菜には、トマトやナス、トウガラシ、ピーマンなどがあります。

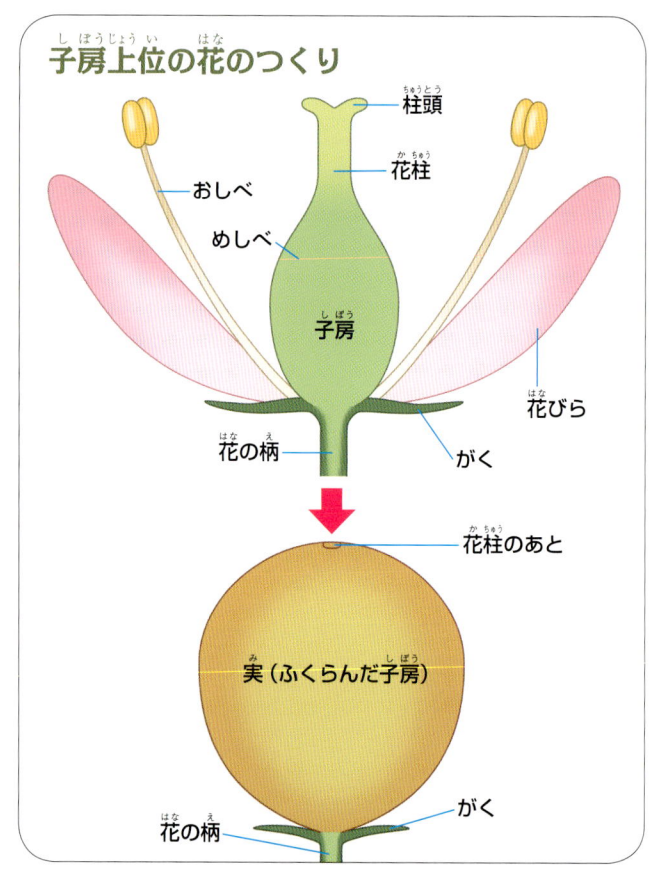

子房上位の花のつくり

● ナスの花。がくの上に花びらがあり、その上におしべにかこまれためしべがあります。

◉ たてに切ったミニトマトの実。実の中は2つの部屋に分かれていて、そこにたねができています。たねはゼリー状のものにつつまれています。

◉ ミニトマトの実。花の柄の先に、1つずつ実がなります。がくはそりかえっていますが、花がさいていたときとあまりかわらないようすでのこっています。

◉◉ ナスの実（上）と実をたてに切った断面。がくは、実の一部をつつむようにのこっています。実の中にはたくさんのたねのもとができています。

◉◉ ピーマンの実（上）とたてに切った実。がくはちぢんで小さくなり、へたとしてのこっています。実のつけねの方に、たねがあつまっています。

◼ キュウリの雌花。花がさいたときには、すでに子房の部分が少しふくらんでいます。

がくの手前に実ができる

　子房上位の花になる野菜とはちがい、キュウリやゴーヤ（ツルレイシ）、カボチャなどのウリのなかまでは、がくのある位置よりも手前（がくと柄のあいだ）に子房があります。花を立てた状態でみると、ウリのなかまでは、子房ががくよりも下にあります。このような花を子房下位の花といいます。子房下位の花では、がくよりも手前にある子房とそのまわりの花たくなどの部分がふくらんで実（偽果）ができ、しぼんだ花とがくが、実の頭にわずかにのこります。

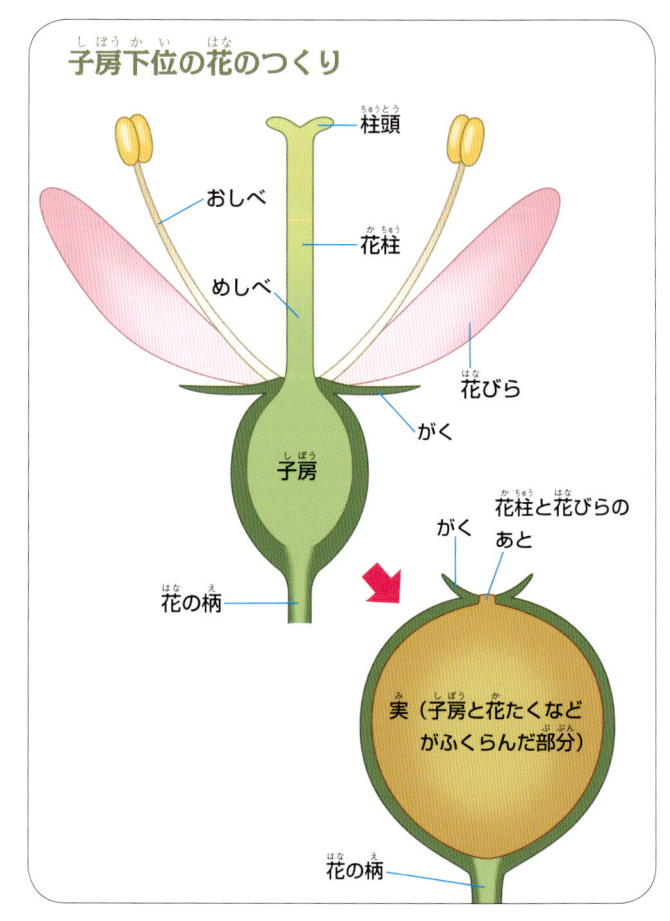

子房下位の花のつくり

柱頭／おしべ／花柱／めしべ／花びら／がく／子房／花の柄

実（子房と花たくなどがふくらんだ部分）／がく／花柱と花びらのあと／花の柄

🔺◀ ゴーヤ（ツルレイシ）の実（上）とたてに切った実（左）。実の先の部分に、しおれて小さくなっためしべとがくなどがのこっています。

🔺◀ キュウリの実（上）と、たてに切った実（左）。実の先の部分に、しおれた雌花とがくなどがのこっています。実がじゅくさないうちにたべますが、中には、たくさんのたねのもとができています。

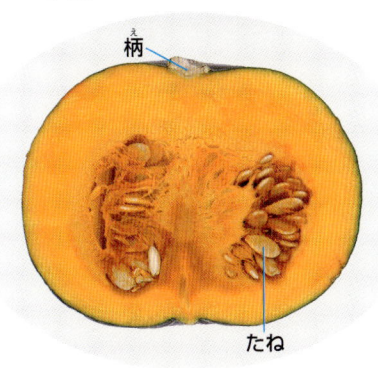

🔺◀ カボチャの実（上）と、たてに切った実（左）。実の先の部分に、がくなどがしおれ、のこっています。実のまん中のぶぶんに、たくさんのたねができています。

● モモの実。子房がふくらんでできる真果です。実の中にかたいからでつつまれた大きなたねが1つだけあります（円内）。

たね

いろいろなくだもの

　くだもののなかにも、子房上位の花や子房下位の花がさくものがあります。カキやミカン、ブドウなどは、子房上位の花がさき、真果ができます。これに対しリンゴやナシ、ビワ、スイカ*などは、子房下位の花がさき、偽果ができます。

　また、モモやスモモ、サクランボなどの花は、子房の全体や一部ががくよりも下にあります。これらの実は、頭にがくのあとがのこっていて、みかけは子房下位にみえます。しかし、実自体は子房がふくらんだ真果なので、子房や花たくがふくらんでできている子房下位のくだものの偽果とは、でき方がちがっています。このようなつくりをした花を、子房中位といいます。

＊スイカはくだものではなく野菜としてあつかわれることもあります。また、野菜とくだものの中間的なものとして、果菜とよばれることもあります。

▲◀なっているカキの実（真果）（上）とたてに切った実（左）。実の頭には柱頭のあとがのこっていて、つけねにはがくがのこっています。

がく／たね／柱頭のあと

▲◀なっているナシの実（偽果）（上）とたてに切った実（左）。子房がふくらんだ部分（→）を花たくがふくらんだ部分がつつんでいます。

たね／花たくがふくらんだ部分

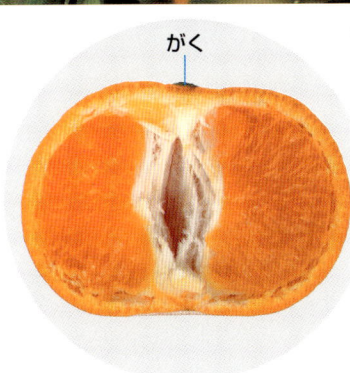

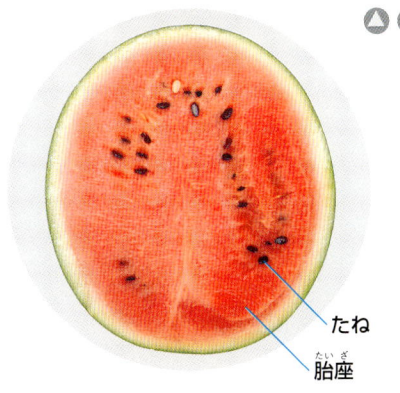

▲◀なっているミカンの実（真果）（上）と横に切った実（左）。実の頭には柱頭のあとがのこっていて、つけねにはがくがのこっています。

がく

▲◀なっているスイカの実（偽果）（上）とたてに切った実（左）。白っぽい皮の部分が花たくがふくらんだ部分で、赤い部分はたねをつつむ胎座という部分です。

たね／胎座

27

■ イチゴの実。1つの花にたくさんのめしべがあるので、ふくらんだ花たくの表面にたくさんの果実ができます。

かわりもののくだもの

　くだもののなかには、ほかのくだものとは少しちがったつくりのものがあります。イチゴ*やパイナップル、イチジクなどです。どこがかわっているかというと、1つにみえる実が、じつはたくさんの実があつまったものだという点です。

　これらの実では、たねのようにみえる部分がほんとうの果実（そう果）で、それがたくさんあつまってふくらんだ花たくの表面についていたり、花たくの中にうもれているのです。

　なかでもイチジクは、実のようなかた

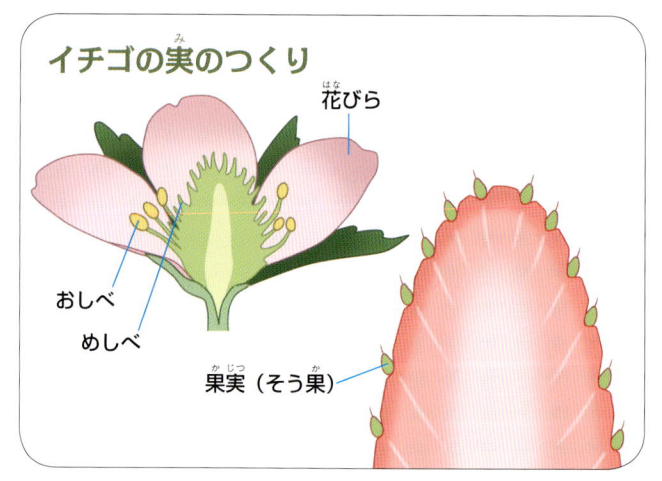

イチゴの実のつくり
花びら
おしべ
めしべ
果実（そう果）

まり（花のう）の内側に花がさくという、とてもふしぎな花のさき方をします。花のうの外側からは花がみえないので、花がさかずに実がなるようにみえます。このため、イチジクは漢字で「無花果」と書きます。

*イチゴもスイカと同じように、くだものではなく野菜としてあつかわれることもあります。また、果菜とよばれることもあります。

パイナップルの実のつくり

◀︎▲ パイナップルの実（左）と左側をたてに切った実（上）。ふくらんだ花たくの表面を、かたいうろこのようなほんとうの果実（そう果）がおおっています。1つの花たくにたくさんの花（円内）がかたまってさきます。

イチジクの実のつくり

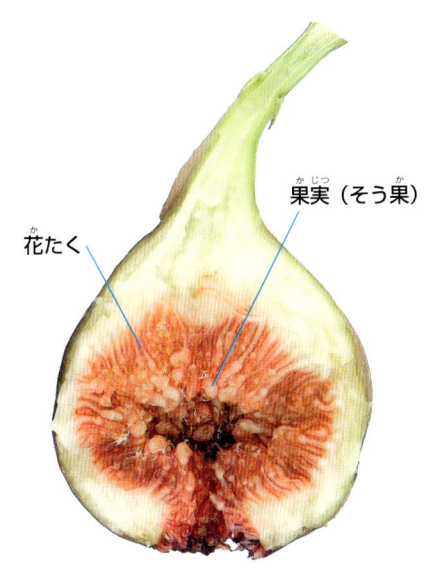

◀︎▲ イチジクの実（左）とたてに切った実（上）。じゅくして実がわれ、中がみえています。赤っぽい花たくの部分の中に、ほんとうの果実（そう果）がたくさんうもれています。

第3章 花がさいて実がなる

　ミニトマトの花がつぎつぎにさいてくると、受粉してしぼんだ花から、実ができてきます。はじめは緑色の小さい実ですが、だんだん大きくなっていき、最後にはじゅくして赤や黄色に美しく色づきます。ミニトマトにたくさんの実ができていくようすを観察してみましょう。

■ 1か所の花房にさいているミニトマトの花。黄色い星形の花がたくさんさきます。

● 花房につぼみができて、花がさいていくようす。ねもと近くの花はさいていますが、その先はまだつぼみのままです。

■いちばん先に花がさいている花房。その上に、新しいつぼみができています。花房のねもとに近づくにつれて、実が大きくなっていくようすがわかります。

つけねから先へとさいていく

　ミニトマトの花は、花房のつけね（茎に近い方）から先にむかって柄がのび、つぼみができていきます。そして、つぼみがほころんで花がさいていくのも、この順番です。

　花房は、枝分かれせずに先にむかってのびていく種類と、柄のねもと近くで2つまたは3つに枝分かれする種類があります。どの種類でも、柄の左右に交互に順番につぼみができていき、花がさいていきます。

　1つの花は3日から4日くらいさきつづけ、しぼんでいきます。そして、めしべに花粉がつく（受粉する）と、めしべの子房の部分がふくらみ、実ができていきます。

■ 上からみたミニトマトの花。つつのようになったおしべのまん中に、めしべの柱頭がみえています。円内は、のびておしべのふくろの外にあらわれているめしべです。

花粉がついて実ができる

　ミニトマトの花をみると、中心にびんのような形をしているものがあり、まん中に細い出っぱりがあります。これが、おしべとめしべです。

　ミニトマトのおしべは、つながりあってつつのようになっていて、めしべをつつんでいます。花がさくとめしべがのびてきますが、このときに、風などで花がゆれるとおしべのやくから花粉がおちて、おしべのつつの中にあるめしべの柱頭について、受粉*するのです。

　ミニトマトの花は、おしべの花粉が同じ1つの花の中にあるめしべについて、受粉します。このような受粉のしかたを、自花受粉または自家受粉といいます。イネやアサガオも自花受粉をします。

*ミニトマトには、受粉をしなくても実ができる種類もあります。

ミニトマトの花のつくり

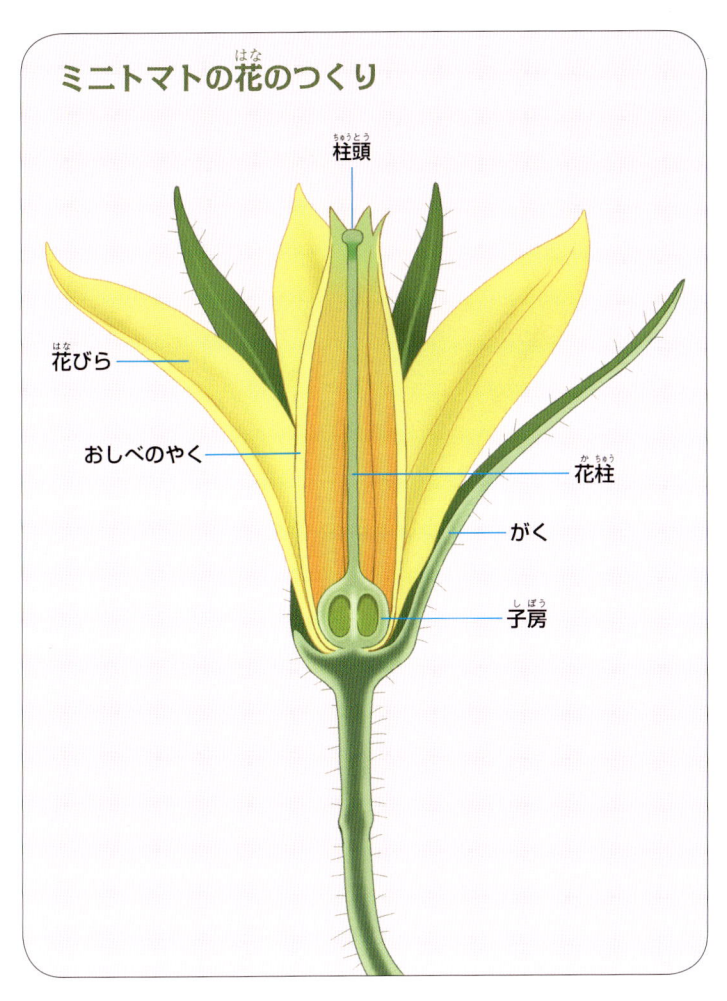

- 柱頭
- 花びら
- おしべのやく
- 花柱
- がく
- 子房

△ つつのようになったおしべをたてに切ってみると、内側にたくさんの花粉がついています。

▷ ミニトマトの花粉。とても小さく、0.05mmほどの大きさです。

マルハナバチが受粉の手伝い

　ミニトマトやトマトの実がたくさんなるように、手伝いをするハチがいます。マルハナバチのなかまの、クロマルハナバチというハチです。

　このハチは、幼虫にたべさせるために、はたらきバチが花粉をあつめてみつでねって、だんごをつくります。花粉をあつめるときには、ミニトマトやトマトのおしべにとまって胸をふるわせ、花粉がやくからおちるようにします。そのときに、めしべに花粉がしっかりつき、ちゃんと実ができるようになります。野生のもののほか、受粉の手伝いをしてもらうため、ハウスの中で飼育されているものもいます。

△ ミニトマトの花にとまったクロマルハナバチ。花粉をあつめるためにおしべのつつにとまってあなをあけ、おしべをゆすります。

◯ ミニトマトの茎と柄。細い毛がたくさんはえています。先が丸くなっている毛から、においのする液が出ます。

虫があまりこない花

　花がさいているミニトマトを観察すると、ほかの花ほど、ハチやアリ、チョウなどの虫がやってこないことに気づきます。これは、ミニトマトの花が、虫に花粉を運んでもらわずに受粉できることと関係があります。虫をよびよせる必要がないので、ミニトマトの花はあまいみつを出しません。そればかりか、ミニトマトは、虫がきらうにおいを出して、虫がこないようにさえしているのです。

　野生のトマトは、茎や葉、実などにたくさんの毛がはえていて、その毛先から植物をたべる虫がきらうにおいがする液を出しています。栽培しているトマトから出ている、青くさいようなにおいも、この液のにおいです。ミニトマトにも、野生のトマトほどではありませんが、この毛があります。

▲大玉のトマトの実。なっているときには、実の表面に、短い毛がこのようにたくさんはえています。この毛からも、においのする液を出しています。毛は収穫してあらうと、ぬけおちてしまいます。

◀じゅくす前のミニトマトの実。柄やがくにはやや長い毛がはえていて、実には短い毛がはえています。

赤く色づいていく実

　ミニトマトの花が受粉し、しぼんでいくにつれ、子房の部分がふくらんで、実ができていきます。緑色の実は、だんだん大きくなっていきます。そして1か月くらいすると、それ以上はあまり大きくならなくなります。

　そのあとは、実がじゅくしていく段階に入ります。緑色だった実は、2週間ほどかけて、だんだん色づいていきます。実の先の方から色がかわりはじめ、へたの方へと色づきます。そして、さらに1週間ほどかけて、実がじゅくしておいしくなっていくのです。しかし、気温が低かったり、太陽の光を十分にあびられなかったりすると、実がじゅくさず、緑色のままになることもあります。

1 ▲受粉がすみ、花びらがしおれて小さくなりました。

2 ▲花びらのつけねにある子房の部分が、少しふくらんできました。

3 ▲子房の部分がさらにふくらみ、小さな実になってきました。

4 ▲花びらはすっかりしおれて、実の先にかろうじてついています。

5 ▲実が大きく育って、がくがそりかえってきました。

6 ▲実がじゅうぶんな大きさまで育ち、皮がつやつやしてきました。

■ 色づきはじめたミニトマトの実。房のつけねに近い方の実から先に色づいていきます。

● 色づいた実がたくさんなっているミニトマトの果房。果房のつけねの方の実から、先にむかってじゅくしていきます。

たくさんの実がなった

　第7花房に花がさきはじめたころ、第1果房（第1花房にできた実の房）の実はすっかりじゅくして、収穫の時期になります。そして、上の果房の実も順番に色づいて、じゅくしていきます。
　実がへたの近くまですっかり色づいたら、実を収穫します。完全にじゅくすにはもう1日くらい必要ですが、時間がたちすぎると、実がわれてしまうことがあります。ですから、たべるためには、完全にじゅくす1日前くらいに収穫することが多いのです。

◐▶ たて（左）と横（右）に切ったじゅくしたミニトマトの実。実の中に部屋が2つあって、その中には、直径1mmほどしかない小さなたね（円内）が、たくさんできています。

▲ 横に切った大玉のトマトの実。大玉のトマトは、たねが入っている部屋が4～6室くらいあります。

▲ 色づいた大玉のトマトの実。ミニトマトは1本の果房にたくさんの実がつきますが、大玉のトマトでは1本の果房につく実を4つくらいにまびいて育てるのがふつうです。

●たくさんの実がなった畑のミニトマト。毎日、たくさんの実を収穫することができます。

たくさんとれた

ミニトマトは、実がなりはじめると、2か月くらいのあいだ毎日のように、実を収穫することができます。1本のミニトマトからは、合計すると100こから150こ、種類によっては200こ以上の実を収穫することができます。

▼ 収穫したトマト。実際には1日に数こしか収穫できませんが、1本のミニトマトからとれる実をあつめると、この2〜3倍もの数になります。

みてみよう やってみよう

◀▲▲ ガラパゴス島にはえている野生のトマトの1種。茎をつるのようにのばし、地面をはうようにしげります。ミニトマトのような小さな実がなります。右は実のアップ。

ミニトマトを調べよう　トマトの来た道

　トマトはもともと、南アメリカの太平洋側にあるアンデス山脈などの高原にはえていた野草でした。それが、現在のメキシコあたりあったマヤ文明の都市につたわり、8世紀ごろからたべるために栽培されはじめたようです。

　トマトの栽培は、13世紀から16世紀ごろにアンデス山脈でさかえたクスコ王国とインカ帝国につたわり、中央アメリカやカリブ海の島にもひろがっていきました。15世紀から17世紀ごろには、観賞用の植物としてヨーロッパにつたわり、やがて食用に利用されるようになり、アジアにもつたわってきます。20世紀にはアメリカ合衆国でさかんに栽培されるようになり、ミニトマトもつくられ、世界中でたべられるようになりました。

トマトが世界中につたわったルート

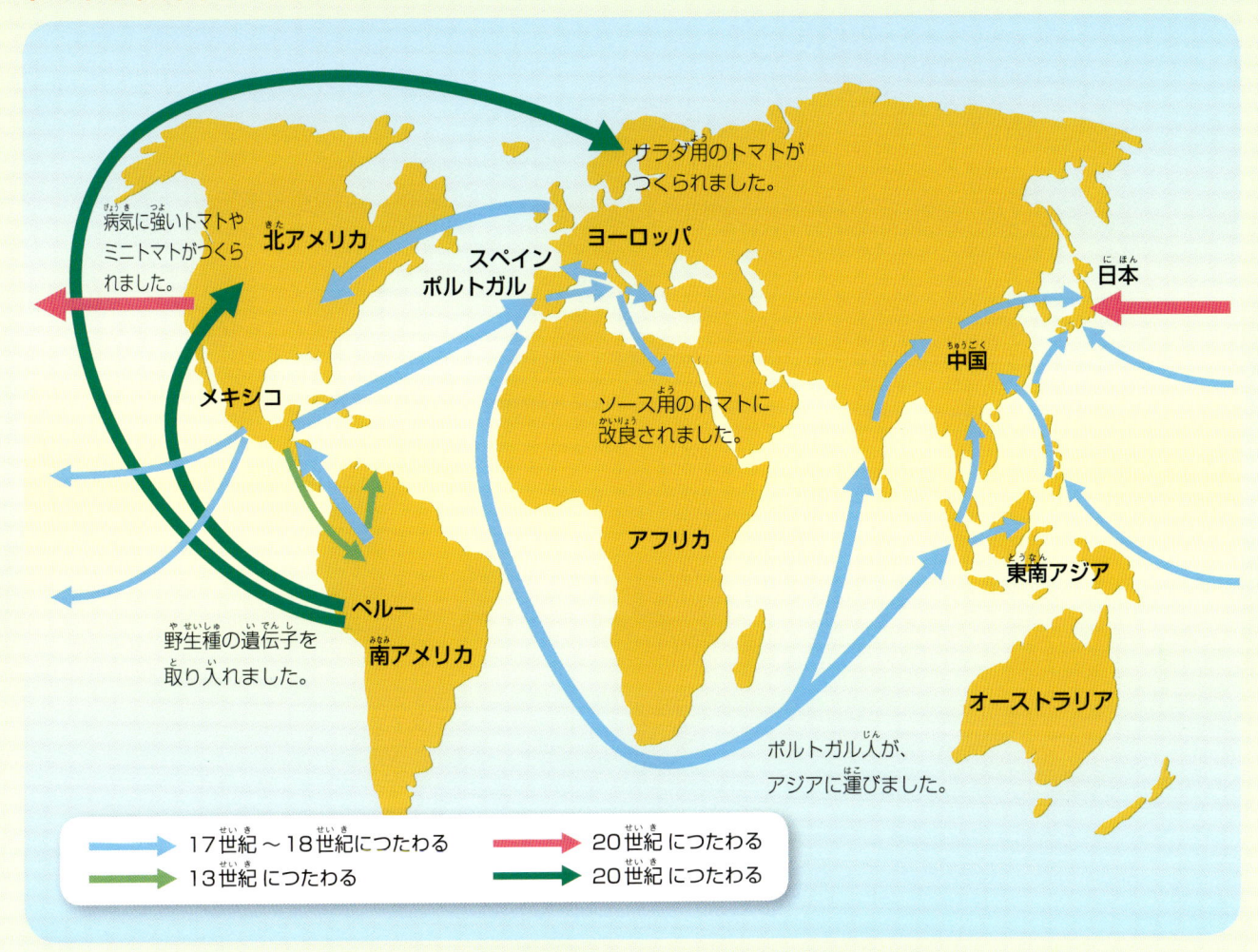

- 病気に強いトマトやミニトマトがつくられました。
- サラダ用のトマトがつくられました。
- ソース用のトマトに改良されました。
- 野生種の遺伝子を取り入れました。
- ポルトガル人が、アジアに運びました。

地域ラベル：北アメリカ、メキシコ、ペルー、南アメリカ、スペイン・ポルトガル、ヨーロッパ、アフリカ、中国、東南アジア、オーストラリア、日本

凡例：
- → 17世紀～18世紀につたわる
- → 13世紀につたわる
- → 20世紀につたわる
- → 20世紀につたわる

●トマトをたくさんたべる国

　トマトは、世界中で育てられ、たべられている野菜です。世界のなかでも、エジプトやギリシャをはじめ地中海のまわりの国々は、トマトをたくさんたべています。この地域では、トマトからつくったソースを料理に使うことが多いためです。1年間に国民1人がたべるトマトの量は、日本人の場合とくらべると、10倍以上もあります。

国民1人がトマトを1年間で消費する量（2010年）

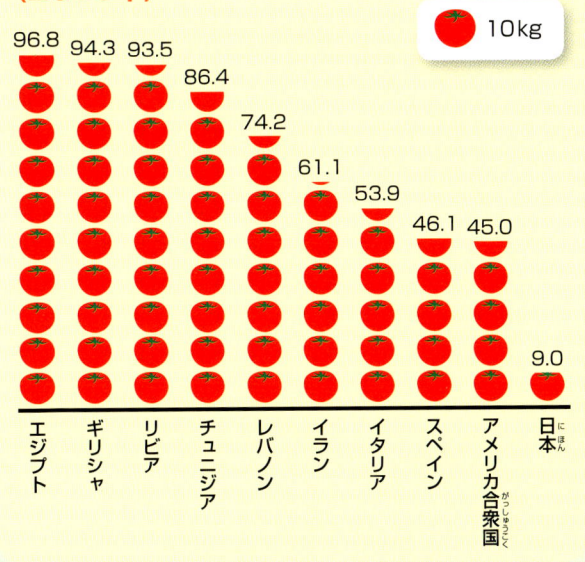

🍅 10kg

国	kg
エジプト	96.8
ギリシャ	94.3
リビア	93.5
チュニジア	86.4
レバノン	74.2
イラン	61.1
イタリア	53.9
スペイン	46.1
アメリカ合衆国	45.0
日本	9.0

（「消費・安全局 消費者情報官消費者の部屋（農林水産庁HP）」を参考に作成）

みてみよう　やってみよう

● 芽が出て、子葉（ふた葉）がひらいたミニトマト。たねをまいてから、10日から2週間で芽が出ます。

ミニトマトを育てよう❶　たねをまこう！

　家や学校で、ミニトマトを育ててみましょう。なえから育てる方がかんたんですが、たねから育てれば、芽や、子葉（ふた葉）のようすも観察できます。植えかえをしない方法ならば、手があまりかかりません。

▶ 土が10ℓ入るプランター（丸型でも角型でもよい）を用意します。野菜用の培養土、苦土石灰、化成肥料も用意しましょう。

●たねをまく

　園芸店で、育ててみたいミニトマトのたねをえらんで、買ってきましょう。3月のなかばから4月のなかばくらいに、土を用意して、たねをまきましょう。土の温度が25℃くらいになっていない場合は、プランターごとあたたかくして、芽が出るようにしてあげましょう。

▲ミニトマトのたね。いろいろな種類のたねが売られています。

▲野菜用の培養土10～15ℓに、苦土石灰15gと化成肥料15gをよくまぜます。

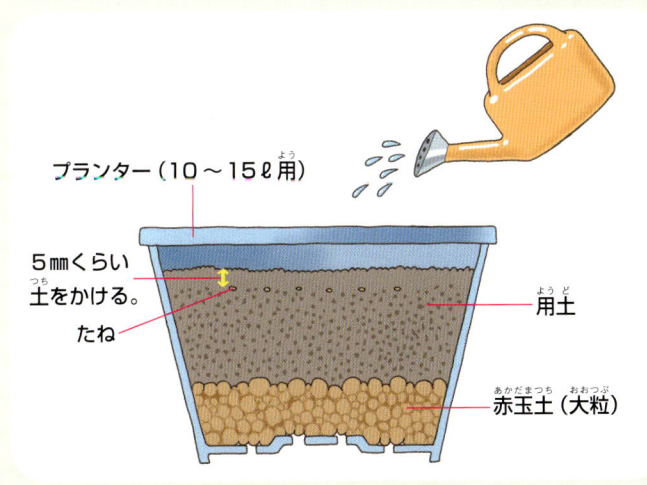

▲たねを5～6つぶまいて、5㎜くらい土をかけ、水をかけます。

▲ポリぶくろなどに入れて、昼間は日なたに、夜は家の中に入れてげんかんなどにおき、芽が出てくるのをまちます。

▲芽を出したミニトマトの子葉（ふた葉）。

▲3まいめの本葉が出たなえ。

▲本葉が3まいになったら、いちばん元気のよい芽をのこして、ほかはぬいて、1本で育てます。

みてみよう　やってみよう

ミニトマトを育てよう❷　なえを育てよう！

　芽ばえたなえから本葉が出たら、風とおしのよい場所で、なえをしっかりと日にあてて育てましょう。なえがまだ小さいうちは、強い風があたらないように、風よけをしたり、気温が低い夜は家の中に入れて管理しましょう。

　毎朝、なえのようすをみて、土の表面が白くかわいてきたら、水をたっぷりあげましょう。本葉がふえていき、第1花房が出てきたら、支柱を立てて茎をささえる準備をします。

　茎を2本または3本にして育てる方法もありますが、ここでは茎を1本にして育てる方法を説明します。

◼ 芽ばえたなえ。ふた葉がひらいています。本葉が3まいくらいになるまで育て、いちばん元気のよい1本をのこして、ほかはぬきます。

●なえを植える

なえから植えて育てる場合には、第1花房が出はじめたくらいのものが、育てやすいです。それより小さいものの場合は、直径12センチメートルのポリポットなどに植えて、花房がつくまで育ててから植えましょう。

▲第1花房が出はじめたミニトマトのなえ。葉があつく、しっかりしていて、こい緑色のものをえらびましょう。

●支柱を立てる

ミニトマトは、茎が細いので、たおれたり、おれたりしないように、支柱を立てて、固定して育てましょう。茎はかなり高くのびるので、長さ2.4メートルの支柱を用意して、しっかり立てましょう。

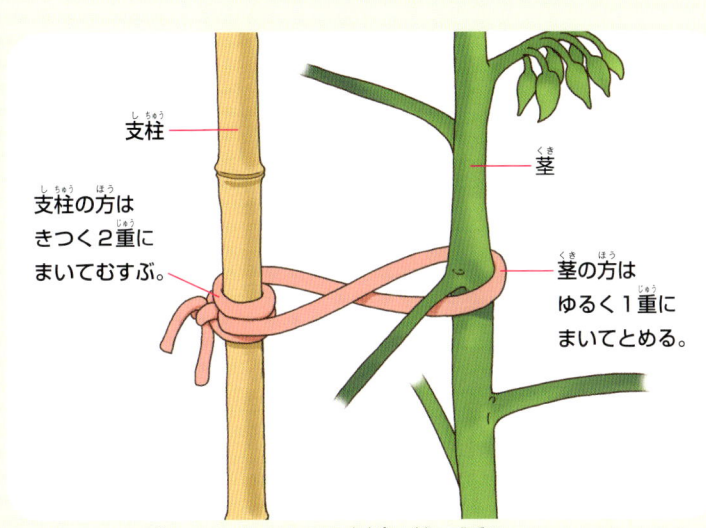

支柱

支柱の方はきつく2重にまいてむすぶ。

茎

茎の方はゆるく1重にまいてとめる。

▲ひもを8の字にしてむすんで、支柱に茎を固定します。

▲第1花房が出たら、支柱を立てて、ひもでむすんで、茎を固定します。

支柱（長さ2.4m）

ここでしばる。

花房

上で固定する。

◀▲ひもで茎を固定するときは、花房の2つ下から出ている葉の下を、ひもでしばります。支柱がぐらぐらするときは、支柱を2〜3本立てて、上を固定すると、しっかりと立ちます。

ミニトマトを育てよう❸ せわをする！

▶ 水をあげるときは、プランターの底から水が出てくるまで、たっぷりとあげます。

　トマトはもともと、南アメリカの高原の日ざしが強く、かわいた気候で育っていた植物です。日本では、地面に植えている場合には、梅雨があけるまでは、ほとんど水をやらずに育てることができます。

　しかし、プランターで育てる場合には、土がかわきすぎて水不足になる場合が少なくありません。水が不足すると、茎から気根という白い根が出てくることもあります。気根が出てきたら、水が不足している目じるしです。梅雨があけるまでは土の表面が白くかわいたら、梅雨があけたら毎朝、水をあげましょう。

▲ トマトの茎から出ている気根。はじめは白いつぶができて、それが長くのびます。体に水分が不足しているのをおぎなおうとして、茎から根を出したものと考えられています。

●わき芽をつむ

　第1花房が出て、葉がふえていくと、あちこちの葉の柄のつけねから、わき芽が出てきます。わき芽は、みつけたらすぐに、指でおって、とりのぞくようにしましょう。わき芽は、そのままにしておくと太くなって、枝分かれした茎になってしまいます。葉がしげりすぎて、日あたりや風とおしがわるくなり、実の成長がにぶったり、病気の原因になったりします。

▲葉の柄のつけねから出ているわき芽。はじめは細い柄のようですが、のびて太い茎になります。

▲わき芽をつけね近くでおって、とりのぞいています。

●土と肥料をたす

　第3花房の花がさきはじめたら、2週間に1回、化成肥料を5グラムずつくらいプランターの土の上にまきましょう。肥料をたすときに、まずプランターの土の量をチェックして、へった分だけ土をたしましょう。土をたして肥料をまいたあとは、水をたっぷりあげましょう。化成肥料と水のかわりに、うすめた液体肥料をあげてもいいです。

▲茎のねもとのまわりにまいた化成肥料（白いつぶ）。

みてみよう やってみよう

■ 手でゆらしてもよいですが、さいている花の柄や花に電動歯ブラシでかるくさわると、おしべのやくがゆれて、花粉がおち、受粉します。

ミニトマトを育てよう❹　実をならせよう！

　ミニトマトの花は、虫がとまったり、風などで花がゆれたときに花粉がおちて自花受粉をします。受粉することで、実がつくられはじめ、おいしいミニトマトの実ができていくのです。

　でも、ミニトマトには虫はあまりやってきませんし、風で少しゆれたぐらいでは、なかなか受粉しません。そこで、手や電動歯ブラシで花をゆすって、めしべが受粉するのを手伝って、たくさんの実がなるようにしてあげましょう。

▲ 花房の柄のつけねを、人差し指でかるくトントンとたたくと、花がゆれて受粉しやすくなります。

● ホルモン剤の使い方

　ミニトマトやトマトは、第1花房に実ができないと、葉や茎ばかりがしげって実がならないことがあります。

　農家やたくさん栽培している家などでは、受粉しなくても実ができるホルモン剤という薬をつかって、第1花房に実が確実になるようにすることもあります。ただし、ホルモン剤でできた実のたねは芽が出ません。

▲ミニトマトの花にホルモン剤をかけているところ。第1花房だけに使うときは、3ばんめの花がさいたころに1回だけふきかけます。

▲上がホルモン剤でできたミニトマトの実で、たねは芽が出ません。下がふつうに受粉してできた実です。

● 実を収穫しよう

　ミニトマトの実がへたの近くまで色づいてきたら、いよいよ収穫です。はさみで、じゅくした実の柄を切って、収穫しましょう。果房ごと収穫するときは、8割くらいの実が色づいたところで、果房のつけねで柄を切ります。果房ごと部屋につるしておき、じゅくしたものからたべましょう。

◀ミニトマトの実の収穫。はさみでへたの近くで柄を切り、1つずつ収穫します。

▲色づいてきたミニトマトの実。果房のつけねに近い方の実は、すっかり色づき、たべごろです。

みてみよう やってみよう

ミニトマトを育てよう❺ 害虫と病気

　ミニトマトは、葉や茎、実をたべる虫がいやがるにおいを出していますが、それでもいろいろな害虫がつきます。また、栄養が不足したり多すぎたり、日当りや風とおし、温度やしめりけなどが原因で病気になったりすることもあります。

　害虫をとりのぞいたり、病気の部分をとりのぞいたりして、処置しましょう。病気の株をそのままにしておくと、ほかの株にうつって全滅してしまうこともあります。

◀▲オオタバコガの幼虫。葉のうらに産みつけられた卵から幼虫がふ化します。幼虫は、あなをあけて実の中に入り、実をたべてしまいます。あながあいた実をすて、葉や茎の上にいる幼虫は、はしなどでとりのぞきましょう。

◀ヨトウムシ類の幼虫。葉をくいあらして、あなをあけます。みつけたら、はしなどでとりのぞきましょう。

▶トマトハモグリバエ。幼虫が、葉の中をたべて、白いもようをつけます。たべられている葉をみつけたら、葉ごととりのぞきましょう。

▲ アブラムシ類。茎や芽、葉などについて、しるをすって、成長をさまたげます。ミニトマトの病気を運んでくることがあるので、みつけたら、うすめた木酢液や石けん水をふきかけて、とりのぞきましょう。

▲ しりぐされ病。実の先の方が茶色くなって、くさったようになってしまいます。カルシウム不足や水不足、チッ素が多すぎる場合などにおこります。葉や実にかけるしりぐされ病用の肥料を使って、症状が出ないようにしましょう。

▲ 輪紋病。梅雨のおわりから夏に、葉に真ん中が白っぽくまわりが茶色いはん点がたくさんでき、だんだんひろがっていきます。みつけたらすぐ、葉をとりのぞき、風とおしのよい場所にうつしましょう。

▲ 葉かび病。葉の表面に黄色っぽいはん点ができ、だんだんひろがって、葉のうら側に白っぽいこなが出ます。風とおしがわるく、湿度が高いと出やすくなります。みつけたら葉をとりのぞき、風とおしのよい場所にうつしましょう。

みてみよう　やってみよう

料理してみよう！

　トマトには、ビタミンCをはじめ、ビタミンAやビタミンB、カリウムやカルシウム、鉄分など、体に必要な栄養のもとがたくさんふくまれています。そして、ふつうのトマトにくらべて、ミニトマトにはいろいろな栄養のもとが多くふくまれているのです。

　自分で育てて収穫した、栄養たっぷりのミニトマトを使って、おいしい料理をつくってみましょう。

ミニトマトとトマトの栄養（可食部100gあたり）

成分	ミニトマト	トマト
エネルギー	29kcal	19kcal
たんぱく質	1.1g	0.7g
脂質	0.1g	0.1g
炭水化物	7.2g	4.7g
カリウム	290mg	210mg
カルシウム	12mg	7mg
鉄分	0.4mg	0.2mg
ビタミンA	0.96mg	0.54mg
食物繊維	1.4g	1.0g
実1つの重さ	15～25g	100～150g

「食品成分データベース」（文部科学省）より作成

ドライトマト

ミニトマトをかわかしたもの。あまずっぱくて、おいしいです。そのままたべたり、サンドイッチにはさんでたべます。

材料
- ミニトマト　　　　5～20こ
- しお　　　　　　　少々
- オリーブオイル　　100cc
- こしょうやハーブ　適量

❶ ミニトマトを、包丁やナイフで、たてに半分に切る。

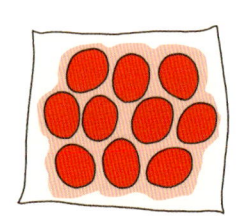

❷ キッチンペーパーの上で、しおをふり、水分をふきとる。

❸ 竹ざるにのせ、風とおしのよい場所で、1日、日にあてる。

❹ オーブンペーパーにのせ、120℃のオーブンで2時間ほどやく。

❺ ❹のかわりに、冷蔵庫にそのまま2～3日入れてもよい。

❻ こしょうやハーブを入れたオリーブオイルにつけ、保存できる。

※包丁や火をつかうので、じゅうぶんに注意し、おとなの人といっしょに調理しましょう。

やきトマト

トマトをやくだけで、あまさがまして、とてもおいしくなります。チーズをのせれば、さらにおいしくなります。

材料（1人〜2人分）

ミニトマト	6〜10こ
にんにく	半かけ
オリーブオイル	適量
しお、こしょう	少々
こなチーズ	適量

❶ ミニトマトを、包丁やナイフで、横に半分に切る。

❷ フライパンにオリーブオイルとにんにくを入れて、熱する。

きざんだにんにく

❸ にんにくがかおってきたら、断面を下にしてトマトをやく。

❹ 半分くらいまで火がとおったら、トマトをうらがえす。

❺ しお、こしょう、こなチーズをふりかける。

❻ 火がとおってやわらかくなったら、できあがり。

ミニトマト玉子いため

ふわふわの玉子いために、あまずっぱいミニトマトが入って、とてもおいしいおかずになります。

材料（2人分）

ミニトマト	8〜10こ
卵	2こ
にんにく（みじん切り）	1かけ
しょうが（みじん切り）	1かけ
しお、こしょう	少々
ごま油	大さじ1ぱい

❶ ミニトマトを、包丁やナイフで、横に半分に切る。

❷ 卵をといて、しおとこしょうで、下あじをつける。

❸ フライパンにごま油を入れ、にんにくとしょうがをいためる。

❹ ①を入れて、強火で30びょうほどいためて、かるく火をとおす。

❺ ④に②を回しながら入れて、へらで大きくかきまぜる。

❻ たまごが半じゅくくらいになったところで、火をとめる。

かがやくいのち図鑑
ミニトマトのなかま

ミニトマトにはいろいろな種類があります。1果房につく実の数や、形、色など、種類によって、さまざまです。

イエローペア　重量20gくらい
実は黄色く、洋なし形で、早く育つ種類です。あまりすっぱくなく、さっぱりしたあじです。1果房に8こくらいの実がつきます。

レッドペア　重量20gくらい
イエローペアと同じくらいの大きさと形で、実が赤い種類です。あまりすっぱくなく、さっぱりしたあじです。1果房に8こくらいの実がつきます。

アイコ　重量18〜25g
実は赤く、たて長の卵形で、果肉があつくて、あまさがあります。病気に強く、1果房に10こ以上の実がなります。

ブラックチェリー
重量20gくらい
実が赤黒い色で、まるい種類です。ゼリー状の部分が多く、あまずっぱくてジューシーです。1果房に10～12こほどの実がなります。

ホワイトチェリー 重量5～15g
実がうすい黄色で、小粒でまるい種類です。明るい日かげで育てると、白くなります。ふるくから育てられている種類で、かおりがとてもよいです。1果房に8～10この実がなります。

ミニキャロル
重量15～20g
実がこい赤で、ややたて長のまるい形です。とてもあまい実がたくさんなります。1果房に20～30こ、多いものでは100こ近くも実がなります。

夢路（グリーングレープ）
重量10～50g
黄緑色と黄色がまじった実で、すもも形です。ジューシーでとてもあまく、あまりすっぱくありません。じゅくすと黄色みが強くなりますが、赤くはなりません。

マイクロトマト
重量1～2g
実がとても小さく、直径5～10mmほどしかありません。右側のスーパースイート100とくらべると、とても小さいのがよくわかります。小さくてもちゃんとトマトのあじがします。

スーパースイート100
重量10～15g
1980年代にアメリカから日本に入ってきた種類です。日本でミニトマトがひろまるきっかけとなりました。実は赤く、まんまるで、とてもあまく、よいかおりがします。

かがやくいのち図鑑
かわりだねトマト

中玉や大玉のトマトには、かわった形や色をしたものが、とてもたくさんあります。その一部をみてみましょう。

イタリアントマト（サンマルツァーノ） 重量80gくらい
加工用の大玉のトマトで、実は赤く、ハツカダイコンのような形です。こくとかおりがあり、ケチャップやトマトソースなどに使われます。熱をくわえると、おいしさがずっとまします。

ミスターストライピー
重量50～75g
赤い地にオレンジのしまが入った実で、まるい形です。中玉のトマトで、1果房に6～7この実がなります。

レッドゼブラ 重量80～160g
赤い地にオレンジ色のしまが入る中玉から大玉のトマトです。さわやかなあまずっぱさがあって、たべやすいです。1果房に3～5この実がなります。

フルティカ 重量40～50g
実が赤くて丸い中玉のトマトで、とてもあまく、実に弾力があります。ミニトマトと同じように、1果房に10～12こほどの実がなります。

グリーンゼブラ 重量40gくらい
中玉のトマトで、緑色の地に黄緑色のしまが入ります。じゅくす前のレッドゼブラににていますが、グリーンゼブラはじゅくしても緑色のままです。生だとかおりが強く、ややすっぱいです。熱をくわえると、あまみが出ます。

ホワイトビューティー
重量100～200g
もともとは大玉のトマトで、実はクリーム色からうすい緑色です。最近は改良され、実が小さいものが多くみられます。実がかためなので、加熱してたべることが多いようです。

いろいろな形や大きさがあるエアルームトマト

　トマトのなかには、「エアルームトマト」とよばれるグループがあります。ヨーロッパの各地の人々が北アメリカに移住するときに、それまですんでいた土地で育てていたトマトをもってきて、現在まで各家庭で代々育てつづけてきたトマトです。種類は5000以上あるといわれ、色や大きさ、形など、とてもかわったものがたくさんみられます。この本で紹介しているブラックチェリーやマイクロトマト、ホワイトビューティーなども、エアルームトマトです。

トラカルラ・ピンク・リブド

アナナス

ブルートマト

メキシカン・リブド

エトワール・ブランシェ・ダンバース

▲ いろいろなエアルームトマト。カボチャやタマネギ、ニンジンのような形のもの、緑や白、むらさき色やしまもようのものなど、ふしぎな形や色のトマトがたくさんあります。

さくいん

あ
- アイコ ─ 58
- 赤玉土（あかだまつち）─ 47
- アブラムシ ─ 55
- イエローペア ─ 58
- 維管束（いかんそく）─ 15,63
- イタリアントマト（サンマルツァーノ）─ 60
- イチゴ ─ 28
- イチジク ─ 28,29
- エアルームトマト ─ 61
- 栄養（えいよう）─ 6,8,12,14,15,17,54,56,63
- オオタバコガ ─ 54
- おしべ ─ 19,22,24,28,34,35,52,63

か
- カキ ─ 26,27
- がく ─ 18,19,22,23,24,25,26,27,35,37,38
- 果菜（かさい）─ 26,28
- 果実（かじつ）─ 28,29
- 化成肥料（かせいひりょう）─ 46,47,51
- 花たく ─ 24,26,27,28,29
- 花柱（かちゅう）─ 22,24,35
- 花のう ─ 28
- 花粉（かふん）─ 33,34,35,36,52,63
- 花房 ─ 11,12,13,14,16,18,19,31,32,33,40,48,49,51,52,53
- 果房（かぼう）─ 40,41,53,58,59,60
- カボチャ ─ 24,25
- 偽果（ぎか）─ 24,26,27
- 気孔（きこう）─ 14,15
- 気根（きこん）─ 50
- キュウリ ─ 24,25
- 苦土石灰（くどせっかい）─ 46,47
- グリーンゼブラ ─ 61
- クロマルハナバチ ─ 35
- ゴーヤ ─ 20,24,25,63

さ
- サクランボ ─ 26
- 自花受粉（じかじゅふん）─ 34,52,63
- 自家受粉（じかじゅふん）─ 34,63
- 師管（しかん）─ 15,63
- 支柱（しちゅう）─ 10,13,48,49
- 子房（しぼう）─ 22,24,26,27,33,35,38
- 子房下位（しぼうかい）─ 24,26
- 子房上位（しぼうじょうい）─ 22,24,26
- 子房中位（しぼうちゅうい）─ 26
- 収穫（しゅうかく）─ 37,40,42,43,53,56
- 受粉（じゅふん）─ 30,33,34,35,36,38,52,53,63
- 子葉（しよう）─ 6,8,46,47,63
- 小葉（しょうよう）─ 8,9,14,15
- しりぐされ病（びょう）─ 55
- 真果（しんか）─ 22,26,27
- スイカ ─ 26,27,28
- スーパースイート100 ─ 59
- スモモ ─ 26
- そう果 ─ 28,29

た
- 他家受粉（たかじゅふん）─ 63
- たね ─ 6,7,8,23,25,26,27,28,41,46,47,53,63
- 柱頭（ちゅうとう）─ 22,24,27,34,35,63
- つぼみ ─ 11,18,19,32,33
- ツルレイシ ─ 20,24,25
- でんぷん ─ 8,12,14,15
- トウガラシ ─ 22
- 道管（どうかん）─ 15,63
- トマトハモグリバエ ─ 54

な
- ナシ ─ 26,27
- ナス ─ 20,22,23
- 根（ね）─ 6,14,15,17,20,50,63
- ネギ ─ 20

は
- パイナップル ─ 28,29
- 培養土（ばいようど）─ 46,47
- 葉かび病（はびょう）─ 55
- 花（はな）─ 18,19,22,23,24,26,28,29,30,31,32,33,34,35,36,38,40,51,52,53,63

花びら	18,19,22,24,28,35,38
肥料	46,47,51,55
ビワ	26
複葉	8
ふた葉	6,7,8,9,11,46,47,48,63
ブドウ	26
ブラックチェリー	59,61
プランター	11,46,47,50,51
フルティカ	60
ポリポット	6,49
ホワイトチェリー	59
ホワイトビューティー	61
本葉	8,9,10,11,47,48,63

ま

マイクロトマト	59,61
ミカン	26,27
ミスターストライピー	60
ミニキャロル	59
芽	6,8,9,16,46,47,55
めしべ	22,24,25,28,33,34,35,52,63
雌花	24,25
モモ	26

や

やく	34,35,52,63
夢路（グリーングレープ）	59
葉脈	15
葉緑体	14,15
ヨトウムシ	54

ら

リンゴ	26
輪紋病	55
レタス	20
レッドゼブラ	60,61
レッドペア	58

わ

わき芽	16,17,51

この本で使っていることばの意味

維管束 種子植物（花がさき、たねをつくってふえる植物）とシダ植物の体の中にある、水や養分、栄養などをはこぶための管のたば。根から吸収された水や養分をはこぶ道管がある木部と、葉でつくられた栄養や老廃物などをはこぶ師管がある師部が組み合わさり、できています。

受粉 種子植物のめしべの柱頭に、おしべのやくでつくられた花粉がつくこと。柱頭についた花粉は、花粉管をのばして、めしべの中にもぐりこんでいきます。そして、のびていく花粉管の中で精細胞という細胞ができ、先の方へ移動していきます。花粉管の先がめしべの胚珠という部分にある卵細胞にたどりつくと、受精（精細胞と卵細胞の核が合体すること）がおこり、たねがつくられはじめます。種子植物の花粉は、昆虫や鳥、風、水などによって、はこばれるしくみになっています。同じ株にある花の花粉が柱頭について受粉するものを自家受粉といいます。また、このうち、トマトのように1つの花の中にあるおしべの花粉がついて受粉するものを自花受粉（同花受粉）ということもあります。ほかの株の花粉がついて受粉するものは、他家受粉といいます。

子葉 種子植物のたねの中にすでにできている最初の葉。トマトをふくめ、ほとんどの双子葉植物の子葉は2まいあり、地上に出てひらくものはふた葉ともよばれます。トウモロコシなど単子葉植物では、子葉は1まいです。地上に出てひらいた子葉は、日光をあびて、根からすい上げた水と空気中からとり入れた二酸化炭素で、栄養をつくりだします。これを光合成といいます。子葉が光合成でつくりだした栄養は、つぎに出てくる葉（本葉）が成長し、ひらくために使われます。マメのなかまや、アブラナ、クリ、ゴーヤなどでは、ほかの植物にくらべて子葉が大きく、根や茎、葉が成長する栄養を多くそなえています。これらの植物では、子葉はひらいても大きくならず、光合成をあまりしないか、地上に出ずに光合成をまったくおこなわないものもあります。そして、子葉のつぎに出てくる初生葉という葉が光合成をおこなって、そのつぎに本葉が出てきます。

根 種子植物とシダ植物がもつ基本的な器官の1つ。ふつうは地中にあり、地上にある植物の体をささえ、地中から水や養分をすい上げ、地上にある茎や葉などにおくるやくめをします。トマトをはじめ双子葉植物では、太い主根があり、そこから側根が枝分かれしてのびます。これに対してイネやトウモロコシなどの単子葉植物では、同じような太さの細いひげ根がたくさんのびます。根には毛のように細い毛根がたくさんはえていて、ここから地中の水や養分をすい上げます。

NDC 479
亀田龍吉
科学のアルバム・かがやくいのち 19
ミニトマト
実のなる植物の成長
あかね書房 2014
64P 29cm × 22cm

- ■監修　白岩 等
- ■写真　亀田龍吉
- ■文　大木邦彦（企画室トリトン）
- ■編集協力　企画室トリトン（大木邦彦・堤 雅子）
- ■写真協力　アマナイメージズ
  - p09 右上・p37 上下・p50 下　埴 沙萠
  - p26 右下　須坂 洋
  - p27 右2段目　平野隆久
  - p29 右下　アマナイメージズ
  - p44 左右　FLPA
  - p48・p49 上・p53 左下・p59 左中段・
  - p60 右上・p61 右上　amana images
  - p55 左上　久保秀一
  - p55 右上　全国農村教育協会
  - p55 右下・p61 右下　Visuals Unlimited
  - p58 円内　中島 隆
- ■イラスト　小堀文彦
- ■デザイン　イシクラ事務所（石倉昌樹・隈部瑠依）
- ■撮影協力　いんどう・ウォーター・ファーム、引藤 崇、中山農園、ハーブアイランド・ベジタブルガーデン
- ■参考文献
  - ・Donglan Tian, John Tooker, Michelle Peiffer, Seung Ho Chung, Gary W. Felton. Role of trichomes in defense against herbivores: comparison of herbivore response to woolly and hairless trichome mutants in tomato (Solanum lycopersicum), Planta, 236-4, pp 1053-1066, 2012
  - ・野崎健太郎（2011）．植物の成長観察を用いた大学生の科学的素養（科学リテラシー）教育の実践―保育者および小学校教員養成課程における教科「生活科」での事例研究―, 椙山女学園大学研究論集（自然科学篇）, no.42
  - ・『育てて食べる、やさいの本① 100％トマトブック』（2010）、藤田智・監修、日本放送出版協会
  - ・『そだててあそぼう1 トマトの絵本』（1997）、森俊人・編、平野恵理子・絵、農山漁村文化協会
  - ・『そだててあそぼう87 ミニトマトの絵本』（2010）、菅原眞治・編、陣崎草子・絵、農山漁村文化協会
  - ・『食品成分データベース』, 文部科学省、http://foodb.mext.go.jp/search.html
  - ・農林水産省ホームページ, 消費者相談、http://www.maff.go.jp/j/heya/sodan/1008/A05.html

科学のアルバム・かがやくいのち 19
ミニトマト　実のなる植物の成長

2014年3月初版　2023年12月第2刷

- 著者　亀田龍吉
- 発行者　岡本光晴
- 発行所　株式会社 あかね書房
  - 〒101-0065　東京都千代田区西神田3-2-1
  - 03-3263-0641（営業）　03-3263-0644（編集）
  - https://www.akaneshobo.co.jp
- 印刷所　株式会社 精興社
- 製本所　株式会社 難波製本

©Nature Production, Kunihiko Ohki. 2014 Printed in Japan
ISBN978-4-251-06719-7
定価は裏表紙に表示してあります。
落丁本・乱丁本はおとりかえいたします。